Bart veut un chat

TPRS BOOKS

Written by Señor Jordan and Michael Coxon
Adaptation by Monique Gregory and Bess Hayles
Illustrations by Juan Carlos Pinilla Melo

Published by:
TPRS Books
9830 S. 51st Street-B114
Phoenix, AZ 85044

Phone: (888) 373-1920
Fax: (888) 729-8777
www.tprsbooks.com
info@tprsbooks.com

First edition February 2018

ISBN-10: 1-60372-222-X
ISBN-13: 978-1-60372-222-3

MIX
Paper from responsible sources
FSC® C011935
FSC www.fsc.org

RAINFOREST ALLIANCE CERTIFIED

In this book, YOU choose where the story goes. Follow your choices until the very end. How many endings can you find? This book was written with you in mind. You will recognize hundreds of words that look like English words.

This book has been written based on Blaine Ray's *L'histoire du chat* that was first written in *Look, I Can Talk* in 1989. Blaine's first book stressed the importance of making learning languages easier and the experience of students better. The mission of this story is to add innovation to Blaine's original creation while making it an amazing adventure and reading experience for teachers and students alike. This story is about celebrating the past and never forgetting the focus on the student experience. We hope that each opportunity to make your own story is a fun and funny experience and that readers will want to read and explore each adventure.

Un jour, Bart est MISÉRABLE dans l'appartement de sa famille.

Il y a un problème. Il ne comprend pas pourquoi il n'est pas content. Il a des amis. Il a un MacBook, mais ce n'est pas suffisant. Il veut être content totalement mais il n'est pas content. Il n'est pas complet.

Bart imagine que les autres personnes sont contentes, mais il ne comprend pas pourquoi il n'est pas content.

Il a besoin de quoi pour etre content.

Il décide qu'il a besoin d'écouter l'opinion d'autres personnes.

Qui Bart décide-t-il d'écouter ?

Il décide d'écouter sa mère et son père. (p. 2)

Il décide d'écouter son amie, Coqui. (p. 12)

Il décide d'écouter sa mère et son père.

Bart parle à sa mère et à son père. Il leur dit :

- Maman, papa. Je ne suis pas content. J'ai le plus important, mais je ne suis pas content.

Son père lui dit :

- Je pense que tu as besoin de chocolat. Probablement tu as besoin d'un chocolat Kit Kat. Moi, quand je mange du chocolat, je suis content. Avec un chocolat Kit Kat dans l'estomac, tu vas être content.

Bart dit à son père :

- Merci papa. Maintenant je veux du chocolat pour être content et complet.

La mère dit à Bart :

- Du chocolat ? Le chocolat est bon pour un moment, mais Bart, tu as besoin de plus.

- De plus ?

- Oui Bart. Tu es un bon garçon. Tu es bon, tu es intelligent et tu es optimiste. Tu as besoin de trouver un animal de compagnie pour être content. Les animaux sont des amis magnifiques.

Continue à la page 7.

Bart veut un piranha.

Bart parle a la dentiste de sa famille et la dentiste a des piranhas dans l'aquarium du cabinet. C'est une dentiste très différente, mais elle convainc Bart d'acheter un piranha.

Bart achète un piranha sur Internet, mais il ne comprend pas qu'il a besoin d'un aquarium. Le piranha est féroce. Il a beaucoup de dents. Maintenant, Bart a un problème. Il a un piranha féroce, mais il n'a pas d'aquarium pour le piranha.

À ce moment-là, Bart pense, « Il y a de l'eau dans la baignoire et les aquariums coûtent beaucoup de dollars. »

Plus tard, il entend son père qui s'exclame :

- AÏE ! BART ! TU NE PEUX PAS AVOIR DE PIRANHA DANS LA BAIGNOIRE !

En conclusion, Bart a besoin d'un autre animal de compagnie et son père a besoin d'aller à l'hôpital.

Bart veut un chien. (p. 33)

Bart veut une tortue. (p. 6)

Bart veut un chat. (p. 24)

Bart décide d'aller au magasin.

Bart pense un moment. Le magasin est probablement supérieur aux autres options.

Il décide d'aller au magasin rapidement. Bart dit à sa mère et à son père :

- Je vais au magasin pour animaux pour acheter un chat. Au revoir !

Il marche vers le magasin. Quand Bart marche dans la communauté, il voit un papier. Bart s'arrête. Il regarde le papier avec une grande curiosité. C'est un papier très intéressant !

En réalité, le papier est une petite annonce. L'annonce dit :

Veux-tu un chat?
J'ai une très grande collection de chats.
Rendez vous chez moi au 44 Avenue de l'Indépendance.

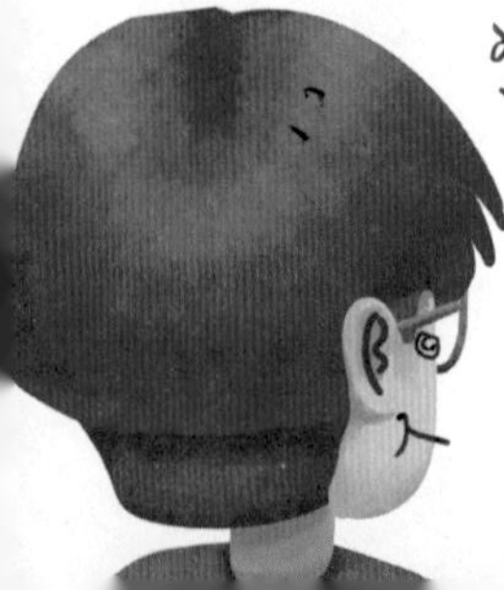

La petite annonce mentionne des chats et une maison. L'annonce a l'adresse de la maison !

Est-ce seulement une coïncidence ou est-ce le destin de Bart ?

Dans la petite annonce, on dit que la personne de la maison a une très grande collection de chats. Il y a probablement de grands chats et de petits chats. Il y a probablement toutes sortes de chats dans sa maison.

Maintenant, Bart a besoin de décider s'il veut investiguer la maison de la petite annonce ou pas.

Que fait Bart ?

Bart continue vers le magasin. (p. 36)

Bart cherche la maison des chats. (p. 22)

Bart va chez lui et mange un sandwich. (p. 30)

Bart veut une tortue.

Tous les jours, le professeur de biologie mentionne les tortues en classe. Les tortues sont fascinantes, mais elles ne font pas beaucoup. Bart n'a pas d'aquarium et les tortues ont besoin d'un aquarium. Un aquarium coûte beaucoup de dollars.

Non, Bart ne veut pas de tortue ! Les tortues sont intéressantes, mais Bart préfère l'idée d'une tortue ninja mutante et non d'une tortue normale. Et il est probable que les tortues ninja mutantes n'existent pas.

En conclusion, Bart veut un autre animal de compagnie. C'est évident !

Quel animal Bart veut-il réellement ?

Il veut un chien. (p. 33)

Il veut un chat. (p. 24)

Il veut un piranha. (p. 3)

Bart parle à 4 personnes différentes.

Bart décide d'investiguer tous les animaux de compagnie. Il a besoin de plus de choix d'animaux. Quel animal les autres préfèrent-ils ? Quels animaux sont les plus populaires ? Quels animaux ses amis recommandent-ils ? Quels animaux les experts recommandent-ils ?

Il parle à différentes personnes.

Un vétérinaire dit à Bart :

- Les chiens sont supérieurs parce qu'ils sont de bons amis.

Le professeur de biologie dit à Bart :

- Les tortues sont supérieures parce que ce sont des animaux intéressants. Elles ne sont pas fragiles.

Son amie Coqui lui dit :

- Les chats sont supérieurs parce qu'ils sont d'excellents compagnons et ils sont des animaux extraordinaires.

Continue à la page 8.

La dentiste de Bart lui dit :

- Les piranhas sont supérieurs parce qu'ils sont violents et ils peuvent manger les humaines et les autres animaux comme les chats, les chiens et les tortues.

Bart pense aux différents animaux que différentes personnes lui ont recommandé. Avec toute cette information, finalement Bart décide de l'animal qu'il veut.

Que veut Bart ?

Il veut un chien. (p. 33)
Il veut une tortue. (p. 6)
Il veut un chat. (p. 24)
Il veut un piranha. (p. 3)

Bart décide d'aller à la bibliothèque.

Bart décide d'aller à la bibliothèque. Il dit à sa mère et son père :

- Je vais chercher un chat à la bibliothèque !

Sa mère et son père sont un peu confus.

Bart va à la bibliothèque. Il entre dans la bibliothèque. Dans la bibliothèque, il ne trouve pas de chat.

Maintenant, Bart est confus. Il pensait que l'article sur Google mentionnait qu'il y a des chats à la bibliothèque.

Il voit une personne dans la bibliothèque. Il dit à la personne :

- Je suis confus. Y a-t-il des chats à la bibliothèque ?

La personne lui répond :

- Des chats à la bibliothèque ? C'est absurde. Il n'y a pas de chats à la bibliothèque. Pourquoi penses-tu qu'il y a des chats à la bibliothèque ? Ce n'est pas normal.

Bart dit à la personne qui travaille à la bibliothèque :

Continue à la page 10.

- Il y a un article sur Google qui mentionne des chats à la bibliothèque. Cherche l'article sur Google !

La personne cherche l'article sur Google et le trouve. La personne dit à Bart :

- On dit qu'il N'y a PAS de chat à la bibliothèque. Regarde !

Bart regarde l'article avec beaucoup d'attention.

L'article mentionne qu'il y a des chats au magasin pour animaux et au café des chats. Mais, PAS de chats à la bibliothèque.

Bart pense, « Pourquoi est-ce que je n'ai pas regardé l'information correctement ? Dans le futur, j'ai besoin de faire plus attention. »

Où Bart décide-t-il d'aller ?

Il décide d'aller au magasin. (p. 4)

Il décide d'aller au café des chats. (p. 46)

Bart ne mentionne pas le tatouage.

Bart ne mentionne pas le tatouage. Il est très nerveux. Dans sa communauté, il est évident que les hommes machos à moto ne sont pas sympathiques.

Bart dit à l'homme macho :

- Que voulez-vous, messieurs ?

L'homme macho lui répond :

- Nous voulons un nouveau membre. Est-ce que tu veux être membre de la bande des hommes à moto ?

Que fait Bart ?

Est-ce qu'il accepte l'offre ou pas ?

Est-ce que sa mère va être contente s'il est un membre des hommes macho à moto ?

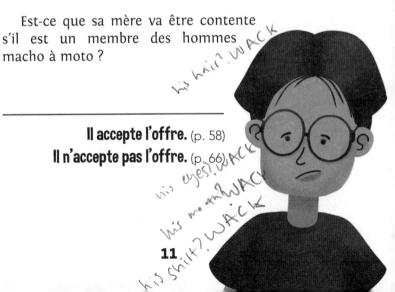

Il accepte l'offre. (p. 58)
Il n'accepte pas l'offre. (p. 66)

Il décide d'écouter son amie, Coqui.

Bart a une amie. Elle s'appelle Coqui. Il va chez elle. Coqui est une personne contente. Elle est contente tous les jours.

Bart veut investiguer pourquoi Coqui est contente. Il va chez elle et lui dit :

- Coqui, je ne suis pas très content et je vois que tu es contente. Pourquoi es-tu contente ?

Coqui explique qu'elle a un chat adorable. C'est un chat célèbre sur YouTube parce que Coqui utilise son téléphone portable pour faire des vidéos. Coqui a beaucoup de vidéos sur YouTube et beaucoup de personnes pensent que les vidéos sont excellentes.

Coqui lui répond :

- Tu as besoin d'un animal de compagnie adorable comme mon chat.

Bart lui dit :

- Est-ce que tu as un animal adorable extra pour moi ?

Coqui lui répond :

- Non.

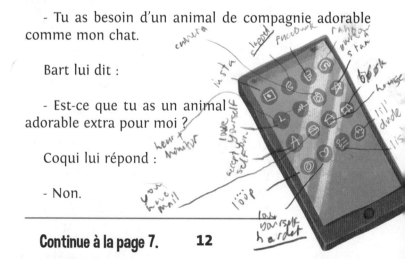

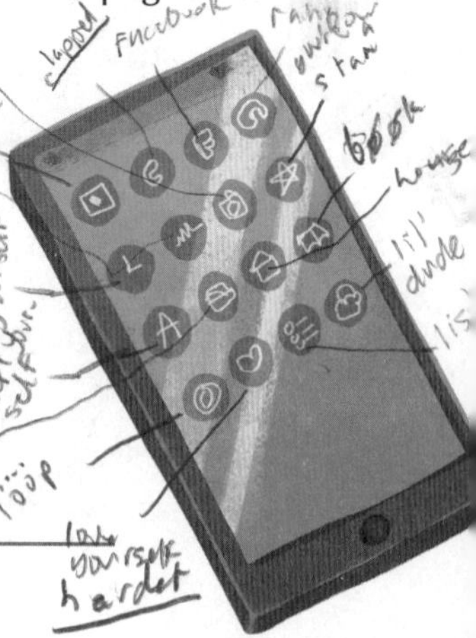

Continue à la page 7.

Bart ne va pas bien.

La famille de Bart a un service funéraire. Les amis de Bart y vont. Son professeur de biologie, le vétérinaire, la dentiste et sa famille sont tristes. Ses amis sont tristes. Les autres personnes présentes au service funéraire sont tristes. Ils pensent tous, « C'est terrible ! Bart voulait seulement être complet. »

Sa tombe dit : « Je voulais seulement un chat. »

Mais par accident, il y a une erreur. Bart n'est pas dans la section correcte. La tombe est dans la section du cimetière pour les animaux. Bart est dans la section des chats.

Ironiquement, Bart est avec beaucoup de chats dans le cimetière.

FIN
GRRRR
BART
Je voulais seulement un chat
MIAOU

Un homme macho l'a attaqué.

Quand Bart voit qui a causé son inconscience, il ne comprend pas. Il voit un homme macho. Bart est très confus. Il n'a pas d'idée de l'identité de l'homme macho.

L'homme macho n'est pas seul. Il a beaucoup d'amis. Bart note que c'est une bande d'hommes à moto !

Bart dit à l'homme macho :

- Qui es-tu et pourquoi m'as-tu attaqué ?

L'homme macho lui répond :

- Désolé. Mes hommes et moi avons pensé que tu étais un traître dans le groupe, mais tu es un garçon normal. Tu n'es pas un ancien membre de la bande.

Bart regarde l'homme macho plus longtemps et il voit un tatouage. L'homme macho a un tatouage. Bart est intéressé par le tatouage. Que fait Bart ?

Est-ce qu'il mentionne le tatouage ou pas ?

Bart le mentionne. (p. 53)

Il ne le mentionne pas. (p. 11)

SEE ME ROLLIN' DOWN THE STREET,
...of ABBA full blast. You can't tell me that it's too loud because it's ABBA, [redacted]
SEE ME ROLLIN' TO THE BEAT
let free the dancing green
UPER TROUPER
IGHTS R GONNA
She was the dancing queen!
young & sweet!
ABBA
only... 17?

Bart n'accepte pas la mission.

Bart ne veut pas de mission. La bande des filles à bicyclette est une organisation terrible. Si Bart a une connexion avec les filles, il va être un criminel par l'association ! Bart dit à la fille :

- Je ne veux pas compléter de mission. Je veux retourner chez moi. Je ne veux pas de problèmes.

La fille regarde Bart avec dégoût et lui répond :

- Tu es complètement pathétique. Tu ne vas pas chez toi, tu vas à l'hôpital.

Bart lui dit avec curiosité :

- Pourquoi est-ce que je vais à l'hôpital ?

La fille la plus importante l'ignore complètement, elle s'adresse aux autres filles et leur dit :

- Les filles, Bart va avoir « un accident. »

Les autres filles marchent en direction de Bart avec des expressions cruelles.

Bart pense, « Pourquoi n'ai-je pas accepté la mission ? »

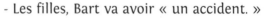

Continue à la page 20.

Bart prend l'eau.

Bart prend l'eau de la femme et lui dit :

- Merci madame !

Bart et la femme obsédée parlent de chats. La femme est complètement différente. Quand ils parlent, Bart prend l'eau. L'eau est délicieuse et très rafraichissante !

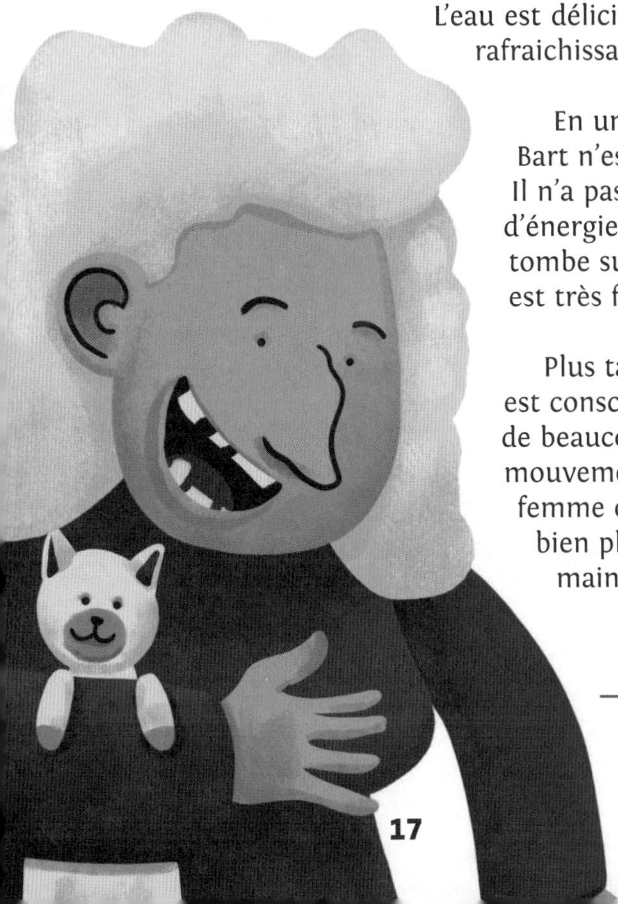

En un instant, Bart n'est pas bien. Il n'a pas beaucoup d'énergie. Bart tombe sur le sofa. Il est très fatigué.

Plus tard, Bart est conscient de beaucoup de mouvements. La femme obsédée est bien plus grande maintenant.

Continue à la page 18.

Non, elle n'est pas plus grande. Bart est plus petit. Il veut marcher vers la porte, mais il ne peut pas. Il ne peut pas bouger. Il ne peut pas s'échapper.

Il pense, « Pourquoi est-ce que je ne peux pas faire de mouvements ? Je suis attrapé ! »

Il voit ses Nikes. Il a des Nikes de chat ! Il regarde son estomac. Il a un estomac de chat ! Il a tout d'un chat ! Est-ce possible ? Maintenant, Bart est un chat !

La femme obsédée regarde Bart et lui dit :

- Bonjour Bart ! Maintenant, tu fais partie de ma collection de chats. Techniquement, tu as beaucoup de chats maintenant. Ah ! Ah ! Ah ! Tu as une famille de chats parce que tu es un chat. Ah ! Ah ! Ah !

Bart répond seulement :

- Miaou.

FIN

Il va parler à la police.

Bart lui répond :

- Je ne veux pas ton chat. Je vais parler à la police.

Les hommes regardent Bart et ne sont pas contents. Ils ne veulent pas que Bart parle à la police.

L'homme macho dit à Bart :

- Pardon, garçon. Mais en réalité tu as seulement deux options. Accepter le chat ou accepter un combat avec ma bande d'hommes à moto.

Bart considère ses options et décide d'accepter le chat.

Continue à la page 64.

Bart va bien.

Bart va à l'hôpital dans une ambulance. L'accident est très sérieux, mais éventuellement Bart va récupérer complètement.

Il passe BEAUCOUP de jours à l'hôpital. Au total, Bart est à l'hôpital pendant quatre ans et deux jours. Il a des problèmes très sérieux. Avec la thérapie et la détermination, éventuellement le docteur dit à Bart :

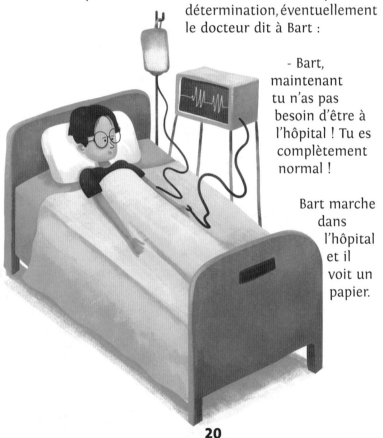

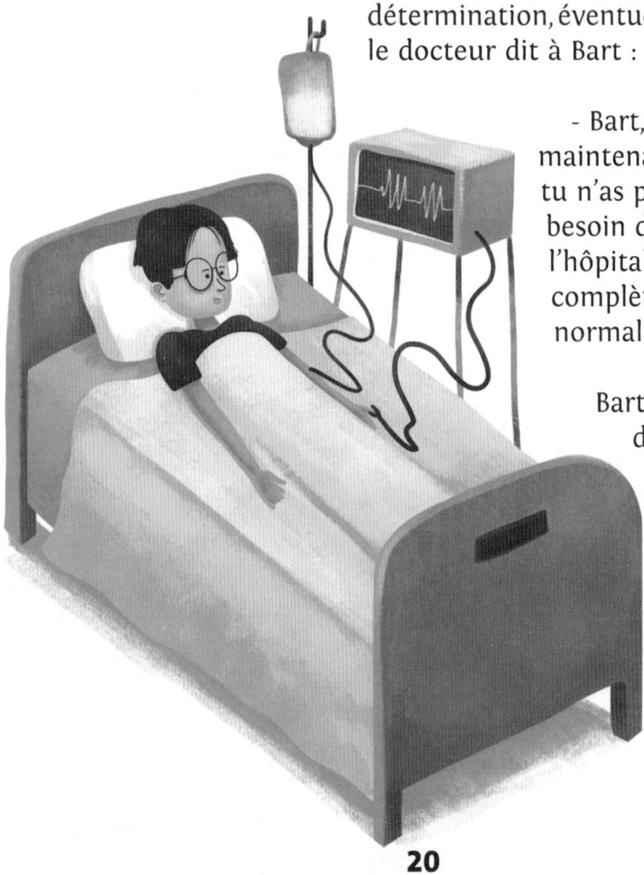

- Bart, maintenant tu n'as pas besoin d'être à l'hôpital ! Tu es complètement normal !

Bart marche dans l'hôpital et il voit un papier.

Il s'arrête et il regarde le papier avec beaucoup de curiosité. C'est un papier très intéressant !

En réalité, le papier est une petite annonce. La petite annonce dit :

Veux-tu un chat?
J'ai une très grande collection de chats.
Rendez vous chez moi au 44 Avenue de l'Indépendance.
drawn in ms paint!

L'annonce mentionne qu'il y a des chats dans une maison et il y a l'adresse de la maison ! Est-ce seulement une coïncidence ou le destin de Bart ?

Que fait Bart ?

Il cherche la maison des chats. (p. 22)

Il rentre chez lui et mange un sandwich. (p. 30)

Il va au café des chats. (p. 46)

Bart cherche la maison des chats.

Bart s'exclame :

- Parfait ! Si je vais à la maison, je vais probablement recevoir un chat.

Bart mémorise l'adresse de la maison et cherche la maison. Il marche longtemps et il est fatigué. Finalement, il trouve la maison. La maison est bizarre.

Bart est à la porte.

« Toc, toc, toc. »

Une femme lui dit :

- Bonjour !

Bart note que la femme a une obsession avec les chats. Elle a BEAUCOUP de chats.

Bart lui dit :

- Bonjour ! Je m'appelle Bart et je veux un chat.

Vous avez une petite annonce pour chats ?

La femme obsédée lui dit :

- Oui, exactement. Entre mon garçon. Entre.

enter my boy ENTER R

Bart entre dans la maison et il y a une multitude de chats. Il y a de grands chats. Il y a de petits chats. Il y a une multitude de chats. Il y a une ÉNORME sélection de chats. Bart est enthousiasmé parce qu'il y a une fantastique sélection.

La femme obsédée disparaît pendant un moment et entre avec de l'eau. Elle dit à Bart :

- Prends de l'eau, mon garçon.

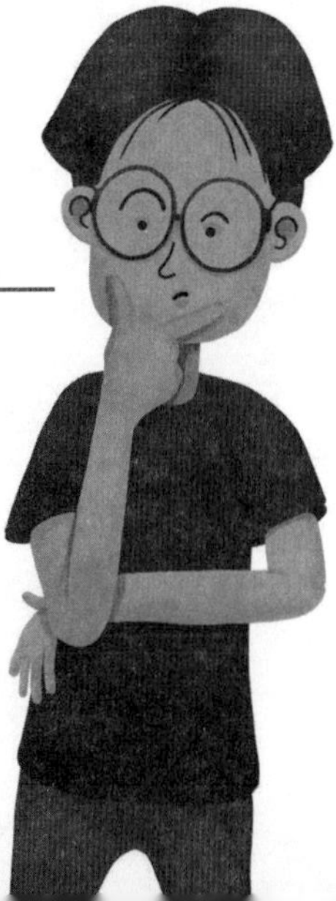

Bart prend l'eau. (p. 17)

Bart donne l'eau à un chat en secret. (p. 40)

Bart veut un chat.

En un instant Bart dit :

- Parfait, je l'ai ! Je veux un chat !

Bart veut un chat. Bart pense que les chats sont intéressants, intelligents et beaucoup plus impressionnants que les autres animaux. Il a besoin de trouver le chat parfait sur Google.

- Voilà !

Bart fait une recherche « chats incroyables. » Il y a beaucoup d'images de chats.

La liste de Google inclut :

1. Chats extraordinaires
2. Chats exotiques
3. Chats mutants
4. Chats boxeurs
5. Chats pirates

Il y a beaucoup d'options dans la liste. Il voit beaucoup de chats. Il veut le chat parfait pour son futur.

Sur Internet on dit qu'il y a des chats dans le magasin pour animaux et dans le café des chats. Dans son investigation, Bart trouve une information cruciale : Il y a de chats à la bibliothèque.

Maintenant, où va Bart ?

Bart décide d'aller au magasin. (p. 4)
Bart décide d'aller au café des chats. (p. 46)
Bart décide d'aller à la bibliothèque. (p. 9)

Bart continue vers les toilettes.

Bart est curieux. Il veut vraiment voir les chats. La serveuse qui travaille dans le café des chats a mentionné qu'il y a des chats dans les toilettes. Bart ne comprend pas pourquoi il y a des chats dans les toilettes. Il veut investiguer.

Il va directement aux toilettes. A la porte, il entend beaucoup d'animation dans les toilettes. Quand il entre dans les toilettes, Bart ne comprend pas ce qu'il voit dans les toilettes.

Une quantité de chats forment un cercle. Ils regardent le centre du cercle avec beaucoup d'attention. Dans le centre du cercle, il y a un ring de boxe. Deux chats sont dans le ring.

Au centre du ring, Bart observe l'intensité des deux chats. Comme un professionnel, un chat attaque l'autre chat. L'autre chat se défend comme un expert.

C'est un club de chats boxeurs !

Instantanément, Bart a un plan !

Que fait Bart ?

Bart entre dans le ring et prend un chat. (p. 42)

Il décide de s'échapper de cette situation bizarre. (p. 28)

Omae wa mo shindeiru
screams
~nani?!

Il décide de s'échapper de cette situation bizarre.

Bart décide qu'il ne veut pas d'un chat boxeur. Probablement le chat a une maison, des amis et une famille. Bart décide que ce n'est pas une bonne idée de séparer le chat boxeur de sa famille. Il a probablement des bébés chats. Bart ne veut pas causer la séparation d'un papa et de ses bébés. Bart pense que c'est une idée terrible.

En plus, Bart conclut que ce n'est pas une bonne idée de prendre un chat du ring parce que probablement les autres chats vont défendre leur ami. S'ils attaquent Bart, Bart ne peut pas se défendre. Il va probablement avoir besoin d'aller à l'hôpital. Bart ne veut pas aller à l'hôpital !

En conclusion, Bart décide que les toilettes ne sont pas la place idéale pour trouver un chat. Il veut bien un chat boxeur, mais considérant les circonstances il n'en veut pas.

Bart pense à toutes les informations. Il préfère considérer d'autres options.

Continue à la page 50.

Il sélectionne le chat zombi.

Bart sélectionne le chat zombi. Il pense que le chat zombi a plus de potentiel pour les aventures qu'un chat musclé.

Quand Bart prend le chat zombi, l'homme mystérieux s'exclame :

- Pourquoi prends-tu le chat zombi ? À quoi penses-tu ?

Bart examine le chat zombi, mais le chat zombi attaque Bart. Il attaque Bart violemment. Le chat zombi veut dévorer Bart !

En trois jours, Bart se transforme en zombi. Bart et son chat terrorisent la communauté. Bart est entièrement content considérant qu'il est un zombi. Maintenant, il est un zombi qui a un chat zombi.

Bart mange un sandwich chez lui.

Bart est très fatigué et son estomac crie :

- Gargl.

Bart décide de rentrer chez lui. Il veut manger un sandwich !

Dans sa maison, il considère ses différentes options pour manger. Il veut un sandwich, mais il ne trouve pas les ingrédients pour faire un sandwich dans le réfrigérateur. Bart trouve une pizza. Il prend la pizza et la mange rapidement. Immédiatement, il a la nausée. Bart pense un moment. La pizza était pour une célébration en septembre. Bart regarde le calendrier. Il y a un problème ! On est maintenant en février.

Bart s’exclame :

- Mon estomac !

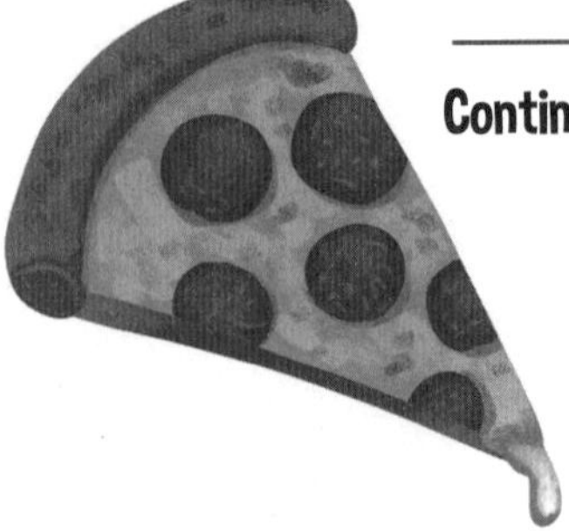

Continue à la page 13.

Bart entre dans le café des chats.

Bart pense, « Je ne veux pas investiguer des voix. Je veux un chat et il y a des chats dans le café. »

Finalement, Bart entre dans le café. Normalement, dans le café des chats il y a beaucoup de chats. Mais maintenant, il n'y a pas de chat. Il y a beaucoup de chiens !

Bart est totalement confus. Il pense que, probablement, il n'est pas dans le bon café. Il va vers la serveuse. C'est la personne qui travaille dans le café.

Bart dit à la serveuse du café :

- Je suis bien dans le café des chats ?

La serveuse lui répond :

- Oui, tu es bien dans le café des chats.

Bart dit à la serveuse :

- Où sont tous les chats ?

La serveuse répond à Bart :

- Aujourd'hui. . . il n'y a pas de chat. Aujourd'hui est un jour spécial ! C'est le jour des chiens.

Continue à la page 32.

Bart pense, « Le jour des chiens dans le café des chats ? C'est complètement absurde ! »

La serveuse lui dit :

- Tu as besoin d'entrer dans les toilettes si tu veux voir beaucoup de chats.

Bart pense un moment.

Est-ce réellement une bonne idée d'entrer dans les toilettes s'il y a beaucoup de chats dans les toilettes ?

Probablement les chats veulent faire pipi seuls.

Qu'est-ce que Bart décide de faire ?

looks like a rapper

Big Bart

Il décide d'investiguer les chats dans les toilettes. (p. 62)

him bendy boi

Il décide d'explorer d'autres options dans la communauté. (p. 50)

Bart veut un chien.

Les chiens sont les animaux les plus populaires. Beaucoup d'amis de Bart ont des chiens. Bart ne veut pas d'un chien ! Son ami Brandon a un chien et le chien cause beaucoup de problèmes. Les chiens font pipi et caca et ils ont beaucoup d'accidents dans la maison.

Bart décide qu'il n'est pas intéressé par les chiens. Ce n'est pas l'animal domestique idéal. Il préfère l'idée d'un animal qui ne cause pas d'accident dans la maison.

En conclusion, Bart veut un autre animal de compagnie. Bart NE veut PAS d'un chien. C'est ridicule !

Quel animal de compagnie Bart veut-il maintenant ?

Il veut une tortue. (p. 6)

Il veut un chat. (p. 24)

Il veut un piranha. (p. 3)

Big O's
album
cover

- Ce n'est pas une bonne idée de s'échapper. C'est une idée HORRIBLE d'abandonner la mission.

Bart va au musée et cherche la section d'art représentant des animaux que veut la fille. Finalement, il trouve la pièce d'art et la prend.

Mais il y a un problème. Bart entend une alarme. Il veut s'échapper, mais il ne peut pas. En un instant de nombreux policiers entrent dans le musée et forment un cercle. Ils pointent leurs pistolets en direction de Bart.

Il s'exclame :

- Je suis innocent ! Je suis la victime de la bande des filles à bicyclette ! Je veux seulement un chat.

Évidemment, c'est un crime de prendre une pièce d'art et les policiers arrêtent Bart.

Bart va en prison, mais dans la prison, un autre prisonnier donne un tatouage à Bart. C'est un tatouage de chat.

Ironiquement, Bart a finalement un « chat » dans la prison.

FIN

Bart continue vers le magasin pour animaux.

Bart s'exclame :

- Quelle coïncidence ! Mais je vais au magasin.

Bart marche vers le magasin et s'arrête parce qu'il y a beaucoup de circulation. Ce n'est probablement pas une bonne idée de marcher sur l'avenue à ce moment-là parce qu'il y a beaucoup de circulation. Mais Bart veut un chat maintenant. Il pense, « La circulation n'est pas importante. Je suis Bart le rapide ! » Il décide de marcher sur l'avenue avec toute la circulation.

À ce moment-là, des criminels arrivent en voiture. Ils se sont échappés d'un cambriolage de banque avec trois millions de dollars. Il y a un problème. Les criminels dans la voiture ne voient pas Bart. Ils vont très rapidement pour échapper à la police et il y a un accident.

C'est terrible ! Comment va Bart ?

Bart va bien. (p. 20)

Bart ne va pas bien. (p. 13)

Bart décide de parler à l'homme mystérieux.

Bart est curieux. Il pense qu'il a entendu « miaou » dans le sac. L'homme mystérieux a probablement des chats dans le sac.

Bart marche vers l'homme mystérieux. L'homme mystérieux dit à Bart :

- Mon garçon, merci de ne pas m'ignorer.

Bart note que l'homme mystérieux parle nerveusement. Il regarde dans toutes les directions parce qu'il souffre d'un grand peur. Il regarde dans toutes les directions et il regarde le sac. Bart est très intéressé parce qu'il voit que l'homme regarde beaucoup le sac. C'est évident que l'homme mystérieux a un secret.

Continue à la page 38.

L'homme mystérieux dit à Bart :

- J'ai un grand secret dans ce sac. Tu veux voir ce que j'ai dans le sac ?

Que fait Bart ?

Est-ce qu'il inspecte le sac ou pas ?

Il l'inspecte. (p. 67)

Il ne l'inspecte pas. (p. 43)

don't do it boi

Bart investigue les voix.

Bart est curieux. Il veut trouver l'origine des voix. Il décide qu'il ne va pas entrer dans le café des chats.

Il peut entrer dans le café des chats dans un moment. Maintenant, il veut investiguer les voix.

Il marche vers l'origine des voix et quand il voit l'origine des voix, il pense, « Ce n'est pas possible ! »

À ce moment-là, une silhouette attaque Bart avec intensité.

BING !

Maintenant Bart est inconscient.

Trois heures passent. Quand Bart est finalement conscient, il voit la personne qui l'a attaqué.

Qui a attaqué Bart et a causé son inconscience ?

Un homme macho l'a attaqué. (p. 14)

Une fille l'a attaqué. (p. 61)

Bart donne l'eau à un chat en secret.

Bart pense, « Ce n'est pas une bonne idée d'accepter de l'eau d'une autre personne. Spécialement d'une femme obsédée par les chats. »

Bart conclut qu'il a besoin d'une distraction pour ne pas prendre l'eau et il lui dit :

- Je veux un chat. Est-ce que vous avez un chat ?

Elle lui répond :

- Oui. J'ai BEAUCOUP de chats. J'ai des chats en quantité. As-tu une préférence ?

Bart voit un chat et dit à la femme :

- Le chat qui mange la plante est très adorable.

La femme obsédée regarde le chat et Bart donne l'eau à un autre chat en secret.

La femme lui dit :

- Oui, elle est très spéciale. Tu veux ce chat?

Bart lui dit :

- Oui ! Je la veux.

La femme obsédée lui donne la chatte et Bart va chez lui avec la chatte. Il est très content. Finalement sa situation est complétée.

Un jour, Bart et la chatte regardent la télévision. La chatte se transforme en une très belle fille.

Elle va vers la porte et s'exclame :

- Merci ! La femme obsédée m'a transformée en une chatte. J'étais sa prisonnière. Tu es mon héros. Ciao !

Bart pense, «Maintenant je n'ai pas de chat. C'est terrible ! »

FIN

Bart entre sur le ring et prend un chat.

Bart observe les deux chats boxeurs pendant un moment. Il pense à sa situation. Il veut vraiment un chat. Il ne veut pas être chez lui s'il n'a pas de chat. S'il n'a pas de chat, son appartement n'a pas d'importance. Ses amis n'ont pas d'importance. Son téléphone moderne n'a pas d'importance.

Bart prend une décision. Il passe dans le groupe des chats et entre sur le ring de boxe dans le centre des toilettes.

Bart prend un chat. Il est content. Finalement il a un chat. Et ce n'est pas un chat ordinaire ! C'est un chat boxeur !

Maintenant, Bart a des problemes?

Bart n'a pas de problème. (p. 52)
Bart a un problème. (p. 52)

Bart ne l'inspecte pas.

Bart ne veut pas regarder dans le sac. Il n'est pas intéressé à regarder dans le sac d'un homme mystérieux. Il préfère l'idée de chercher un chat dans d'autres parties de la communauté.

Bart décide de marcher dans une autre direction. Il marche vers la porte du café et dit à l'homme mystérieux :

- Non merci. Au revoir, homme mystérieux.

Quand Bart marche, il entend des voix. Il marche vers l'origine des voix. Quand il voit l'origine des voix, il pense, « Ce n'est pas possible ! »

À ce moment-là, une silhouette attaque Bart violemment.

BING !

Maintenant, Bart est inconscient. Trois heures passent. Quand il est conscient, il voit la silhouette qui l'a attaqué.

Qui a attaqué Bart et a causé son inconscience ?

Un homme macho l'a attaqué. (p. 14)
Une fille l'a attaqué. (p. 61)

Bart ne parle plus.

Bart ne parle pas. Il ne répond pas. Il est totalement silencieux. Il est nerveux. Il comprend que la situation est très sérieuse. Il ne veut pas être prisonnier des filles à bicyclette.

La fille la plus importante du groupe parle le plus. Elle dit :

- Qui es-tu et pourquoi est-ce que tu marches dans le territoire de MON organisation ?

Bart lui répond nerveusement :

- Je m'appelle Bart et je pense que j'ai besoin d'un chat pour être complet.

La fille répond à Bart :

- Tu veux un chat ?

Bart lui répond nerveusement :

- Oui, je veux un chat.

La fille la plus importante lui dit avec autorité :

- Ce n'est pas important si tu veux un chat. Veux-tu ta liberté ? J'ai une mission pour toi si tu es intéressé par ta liberté.

Qu'est-ce que Bart fait maintenant ?

Bart veut plus d'informations. (p. 59)

Bart accepte la mission. (p. 68)

Bart décide d'aller au café des chats.

Bart décide d'aller au café des chats. Le café des chats est un café normal avec une exception : il y a des chats. Il y a beaucoup de personnes et beaucoup de chats dans le café. Normalement, les personnes et les chats vont dans le café pour écouter de la musique, prendre un café et utiliser le WiFi.

Bart marche vers le café des chats. Quand Bart voit le café, il voit un homme bizarre à l'extérieur du café des chats.

Bart observe l'homme mystérieux. Bart note que l'homme mystérieux a un uniforme de laboratoire. Bart pense qu'il est possible que l'homme travaille dans un laboratoire.

L'homme mystérieux a un sac. Bart pense qu'il entend « miaou » dans le sac.

L'homme dit à Bart :

- Mon garçon, je veux te parler. Veux-tu un chat ?

Que décide-t-il de faire ?

Il décide de parler à l'homme mystérieux. (p. 37)

Il décide d'ignorer l'homme et d'entrer dans le café. (p. 70)

Il y a un problème dans les toilettes.

Les chats ne sont pas contents. Ils veulent regarder le match de boxe. Ils marchent vers Bart avec une expression furieuse.

Ils s'exclament agressivement :

- MIAOU !

Bart est attrapé par les chats et ne peut pas s'échapper des toilettes. Le chat boxeur voit son opportunité pour s'échapper de Bart et il attaque Bart.

Bart s'exclame :

- AÏE !

Le chat boxeur s'échappe de Bart en un instant.

Maintenant, tous les chats sont contents parce que le chat boxeur s'est échappé des mains de Bart. Ils sont furieux parce que Bart a causé une interruption du match de boxe.

Bart regarde les chats furieux et souffre d'une attaque de panique. Maintenant, il comprend qu'il a besoin de s'échapper de ce groupe furieux.

Il tourne et s’exclame :

- Il y a un éléphant avec un jacuzzi !

Tous les chats regardent dans l’autre direction, mais il n’y a pas d’éléphant avec un jacuzzi dans les toilettes.

Bart s’échappe des toilettes.

Continue à la page 28.

Bart explore d'autres options.

Bart décide que le café des chats n'est pas idéal pour trouver un chat (ironiquement). Il y a probablement des chats dans d'autres parties de la communauté. Bart peut aller au magasin, au musée, au parc ou au restaurant.

Il dit à la serveuse :

- Je vais explorer les autres parties de la communauté. Ciao!

Bart marche vers la porte du café parce qu'il a une mission. Il veut avoir un chat !

À l'extérieur du café, Bart entend beaucoup de voix. Bart pense que les voix mentionnent un chat. Est-ce seulement une coïncidence ou le destin de Bart ?

Bart pense, « Ce n'est pas seulement une coïncidence. C'est mon destin d'avoir un chat. J'ai besoin d'investiguer l'origine de ces voix. »

Bart marche dans la direction de l'origine des voix. Quand Bart voit l'origine des voix, il pense, « Oh NON, ce n'est pas possible ! »

À ce moment-là, une silhouette attaque Bart violemment.

BING !

Maintenant Bart est inconscient.

Trois heures passent. Quand Bart est conscient, il voit la silhouette qui l'a attaqué.

Qui a attaqué Bart et a causé son inconscience ?

Un homme l'a attaqué. (p. 14)
Une fille l'a attaqué. (p. 61)

Bart n'a pas de problème.

Est-ce que tu penses que Bart n'a pas de problème ?

Non. C'est absurde ! C'est évident que Bart a un problème.

Il a trouvé un chat boxeur dans les toilettes !

Évidemment qu'il a un problème.

Continue à la page 48.

Bart a un problème.

Est-ce que tu penses que Bart a un problème ? Bon travail. Tu es très intelligent ! Bart a un très grand problème !

Il a trouvé un chat boxeur dans les toilettes !

Évidemment qu'il a un problème.

Continue à la page 48.

Bart mentionne le tatouage.

Bart ne peut pas résister. Il veut des informations sur le tatouage. Pourquoi le tatouage est-il un tatouage de chaton ? Un homme macho qui a un tatouage de chaton ? Bart pense que c'est bizarre.

Bart mentionne le tatouage. Il dit :

- Très intéressant ton tatouage !

L'homme macho regarde son tatouage, il regarde Bart et lui répond :

- Oui. Je suis obsédé par les chats. Je suis particulièrement obsédé par les bébés chats. Les bébés chats sont TRÈS ADORABLES.

Bart est confus. Les hommes machos ne sont vraiment pas comme Bart l'imaginait.

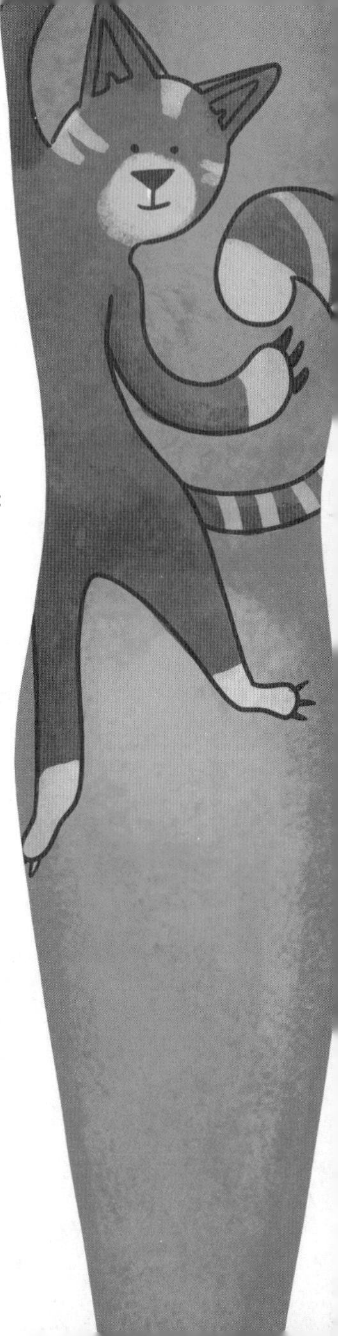

Continue à la page 54.

Bart et l'homme macho ne sont pas vraiment différents. L'homme macho à moto a une obsession pour les chats et Bart veut un chat.

Bart lui dit :

- Quelle coïncidence ! Moi aussi je veux un chat.

L'homme macho pense un moment et dit à Bart :

- Regarde, mon garçon. Excuse-moi pour l'attaque. Je ne veux plus de problèmes avec la police pour ma bande d'hommes à moto. J'ai beaucoup de chats. Tu veux un chat, n'est-ce pas ? Tu peux prendre un chat si tu ne parle pas à la police.

Que lui répond Bart ?

Il accepte le chat. (p. 64)

Il va parler à la police. (p. 19)

Bart parle plus.

Est-ce que Bart parle plus ?

NooooN ! Qu'en penses-tu ? Bart ne parle pas plus. Il ne parle pas parce qu'il est prisonnier de la bande des filles à bicyclette. La bande des filles à bicyclette est une organisation criminelle qui terrorise la communauté et offre leur « protection » aux compagnies locales.

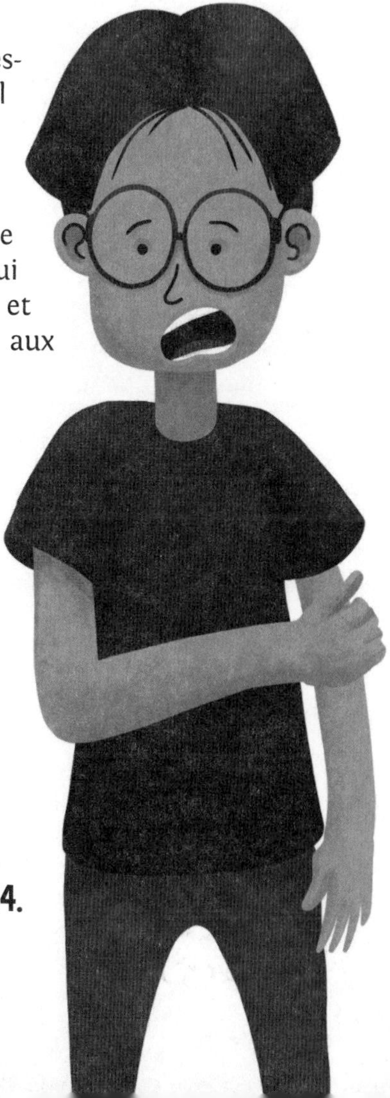

Les filles sont vraiment violentes et cruelles. Elles peuvent détruire Bart en un instant.

Si Bart est intelligent, Bart va définitivement NE PAS parler.

Continue à la page 44.

Il sélectionne le chat musclé.

Bart sélectionne le chat musclé. Il pense que le chat musclé a plus de potentiel pour des aventures que le chat zombi.

Quand Bart prend le chat musclé, il est très content. Finalement, il a un chat ! Et le chat est très musclé.

Bart a une idée. Le chat et Bart décident d'être des superhéros. En réalité le chat est le superhéros et Bart est son compagnon.

Bart est content de sa nouvelle position de compagnon normal pour un chat superhéros. Le chat musclé et Bart veulent combattre le crime organisé dans la communauté.

Maintenant, le chat superhéros et Bart peuvent résoudre le problème de la bande des filles à bicyclette. Elles sont un très grand problème pour la communauté.

Bart entend des rumeurs que les filles sont responsables pour les récents cambriolages de pièces d'art.

C'est la parfaite mission pour Super-Chat et Bart-le-~~Brave~~ !
BIG

¡SÚPER FIN!

bart-of-the-big-dick-energy

B

Bart accepte l'offre.

Bart lui répond :

- J'accepte ton offre. Je veux faire partie de la bande des hommes à moto. J'ai besoin de faire quoi ?

L'homme macho lui répond :

- Tu as besoin de sélectionner un chat.

Bart ne comprend pas. Il est confus. Il répond à l'homme macho :

- Je ne comprends pas. Sélectionner un chat ?

L'homme macho lui répond :

- Les hommes et moi nous sommes la bande des hommes à moto AVEC des chats.

Continue à la page 64.

Bart veut plus d'informations.

Bart est très curieux. En réalité, il veut s'échapper de la situation. Il n'a pas d'autre option. Il veut plus d'informations et il lui répond :

- Quelle mission as-tu pour moi ?

- Je ne te donne pas plus d'informations. Tu as besoin d'accepter la mission – lui dit la fille impatiemment.

- Et si je fais la mission ? - lui dit Bart.

La fille lui dit :

- Si tu fais la mission, tu n'es plus mon prisonnier. Tu vas avoir ta liberté.

Bart pense à la situation. Est-ce qu'il veut faire une mission pour elles ? Est-ce que la bande des filles à bicyclette est honnête ?

Elle répète impatiemment :

- Alors, tu acceptes la mission ? Oui ou non ?

Que fait Bart ?

Il accepte la mission. (p. 68)
Il n'accepte pas la mission. (p. 16)

live system of a down - chop suey

i hate them

Une fille l'a attaqué.

Une heure passe. Quand Bart est conscient, il voit beaucoup de filles. Elles ont des bicyclettes.

Bart veut faire un mouvement, mais il ne peut pas. Il est prisonnier de la bande des filles à bicyclette !

Bart dit aux filles :

- Pourquoi est-ce que je suis prisonnier ?

La fille la plus importante de la bande s'exclame sérieusement :

- Silence ! Tu ne peux pas parler. Tu as besoin de ma permission pour parler !

Est-ce que Bart parle plus ou pas ?

Ce n'est probablement pas une bonne idée de parler plus parce que les filles à bicyclette sont très agressives et causent la terreur dans toute la communauté. Mais il est possible que Bart pense qu'elles sont seulement des filles normales.

Que fait Bart ?

Il parle plus. (p. 55)
Il ne parle plus. (p. 44)

Il décide d'investiguer les chats dans les toilettes.

Bart pense aux chats dans les toilettes. La serveuse a mentionné qu'il y a beaucoup de chats dans les toilettes. Il y a probablement toutes sortes de chats. Bart peut probablement prendre un chat. Non. Pourquoi ne peut-il pas prendre un des chats ? Il peut probablement prendre cinq chats. Ou il peut prendre huit chats.

Huit est son nombre préféré. Oui, Bart décide qu'il veut prendre huit chats s'il y a des chats en quantité dans les toilettes. S'il prend un chat, il va être complet, mais s'il prend huit chats, il va être extra super méga complet.

Avec beaucoup d'émotion, Bart pense, « Finalement, je vais avoir un chat ! »

Avec beaucoup d'émotion, Bart marche vers les toilettes, il voit un papier. Bart s'arrête. Il regarde le papier avec beaucoup de curiosité. C'est un papier très intéressant !

En réalité, c'est une petite annonce. L'annonce dit :

Veux-tu un chat?
J'ai une très grande collection de chats.
Rendez vous chez moi au
44 Avenue de l'Indépendance.

La petite annonce dit qu'il y a des chats dans une maison et il y a l'adresse de la maison. Est-ce seulement une coïncidence ou le destin de Bart ?

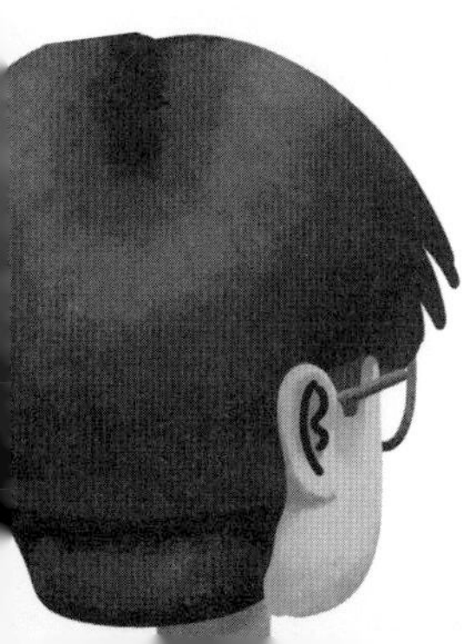

Que fait Bart ?

Il continue vers les toilettes. (p. 26)
Il cherche la maison des chats. (p. 22)

Bart accepte le chat.

En un instant, l'homme macho a une collection de chats. Bart est impressionné. L'homme macho a une très grande collection de chats.

Il y a toutes sortes de chats.

Éventuellement, Bart sélectionne un des chats. Finalement, il a un chat !

Bart continue vers sa maison avec le chat, mais l'homme macho lui dit :

- Un moment. Maintenant tu fais partie de la bande ! Tu as besoin d'une moto. J'ai une moto extra.

La bande accepte Bart comme nouveau membre. Ils lui donnent la moto extra.

Maintenant, Bart est un homme à moto avec un chat. Bart, son chat et les hommes à moto avec des chats ont beaucoup d'aventures.

Maintenant, Bart a besoin d'un tatouage de chat et le chat a besoin d'un tatouage de Bart.

FIN

yea boi!

Bart n'accepte pas l'offre.

Bart n'accepte pas l'offre. Il pense : « Moi ? Un homme à moto ? Je n'ai pas de muscles. Je n'ai pas de moto. Je n'ai pas de tatouage. Ma mère ne va pas être contente si je fais partie d'une bande d'hommes à moto. »

Bart répond à l'homme macho :

- Je suis désolé. Vous êtes probablement des hommes honorables, mais j'ai besoin de continuer ma mission et de trouver un animal de compagnie.

L'homme macho ne veut pas que Bart parle à la police. Bart lui dit qu'il ne va pas parler à la police. Les hommes à moto lui disent, « Salut » et Bart continue sa mission.

Où va Bart pour continuer sa mission ?

Bart va au magasin. (p. 36)

Bart mange un sandwich chez lui. (p. 30)

Bart l'inspecte.

Bart lui dit :

- Oui. Je veux voir ce que tu as dans le sac.

L'homme mystérieux explique à Bart :

- Parfait ! Je travaille dans un laboratoire. Dans le laboratoire mon groupe fait de la recherche et expérimente sur les chats. Nous les injections avec un liquide. Quand nous les injections ils se transforment en chats mutants.

Bart examine le sac. L'homme est mystérieux, mais sincère. Dans le sac il y a des chats mutants. Bart lui dit :

- Est-ce que je peux avoir deux chats ?

L'homme mystérieux lui répond :

- Non, tu peux seulement en avoir un. Un des chats est un chat musclé et l'autre est un chat zombi.

Quel chat sélectionne Bart ?

Il sélectionne le chat musclé. (p. 56)

Il sélectionne le chat zombi. (p. 29)

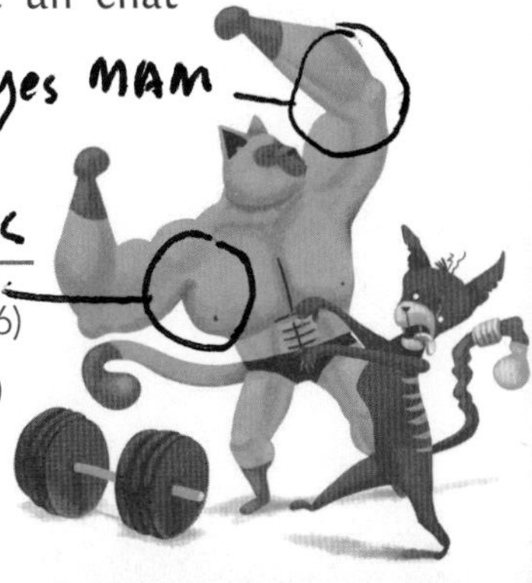

Il accepte la mission.

Bart lui répond :

- Oui, j'accepte ta mission. Je veux compléter la mission.

La fille lui dit :

- Excellent ! J'ai une très grande collection illégale d'art. Je veux que tu prends une pièce d'art du musée.

Bart l'interrompt :

- Tu as une collection d'art ? Mais tu es seulement une fille ! Tu ne veux pas une Barbie ?

La fille lui répond violemment :

- Ne m'interrompt pas ! Je suis une fille très avancée pour mon âge. Je pense que l'art est beaucoup plus intéressant que les Barbie.

Bart lui dit :

- Désolé.

La fille lui dit :

- Maintenant, il y a une pièce d'art dans le musée.

La pièce est de Pablo Picasso et il y a un chat sur cette pièce. Je veux que tu prends la pièce d'art pour ma collection.

Bart et les filles vont au musée. Les filles à bicyclette abandonnent Bart à l'extérieur du musée. La fille la plus importante regarde Bart et lui dit . . .

Continue à la page 35.

Il décide d'ignorer l'homme et d'entrer dans le café.

Bart décide d'ignorer l'homme et marche vers la porte du café.

L'homme s'exclame agressivement :

- Ne m'ignore pas !

Bart dit à l'homme mystérieux :

- Excusez-moi ! Normalement je ne parle pas avec des hommes mystérieux qui ont des sacs mystérieux.

Bart continue vers la porte du café.

Quand il arrive au café, il entend des voix. Les voix mentionnent des chats. Bart veut un chat ! Est-ce seulement une coïncidence ou le destin de Bart ?

Que fait Bart ?

Il entre dans le café des chats. (p. 31)

Il investigue les voix. (p. 39)

About the words

TPRS books are unique in that they are written to enhance the language acquisition process for classroom teaching. This book is written with numerous cognates and specific high frequency words for the purpose of building proficiency in the classroom setting. Words that are cognates tap into a learner's prior knowledge exposing them to language they already know.

The following list is a collection of words outside of cognates or words that students can easily recognize. The words may be found in one of the many forms that it is in the book.

1. **acheter** *to buy*
2. **aller** *to go*
3. **au, à la** *to the*
4. **autre** *other*
5. **avec toi** *with you*
6. **avec** *with*
7. **avoir besoin de** *to need*
8. **avoir** *to have*
9. **bibliothèque (la)** *library*
10. **bien** *well*
11. **bon, bonne** *good*
12. **ce, cette, ces** *this*
13. **chat (le), le chaton** cat, *kitten*
14. **chercher** *to look for*
15. **chez** at *the house of*
16. **comme** *like*
17. **de** *of, from*
18. **devoir** *to have to*
19. **dit (il/elle)** *S/he says*
20. **doit** *has to*
21. **donner** *to give*
22. **écouter** *to listen*
23. **entendre** *to hear*
24. **être** *to be*
25. **faire** *to do, to make*
26. **fille (la), le garçon (le)** *girl, boy*

27. **il y a** *there is, there are*
28. **il, elle, ils, elles** *he, she, they*
29. **chien (le)** *dog*
30. **magasin (le)** *store*
31. **le, la, les** *the*
32. **lui, leur** *to him/her, to them*
33. **maintenant** *now*
34. **mais** *but*
35. **manger** *to eat*
36. **marcher** *to walk*
37. **mon, ma, mes** *my*
38. **ou** *or*
39. **où** *where*
40. **par** by, *through*
41. **parce que** *because*
42. **parler** *to speak*
43. **penser** *to think*
44. **peut** *can*
45. **plus** *more*
46. **porte (la)** *door*
47. **pour** *for, in order to*
48. **prendre** *to take, to drink*
49. **quand** *when*
50. **que** *that, what*
51. **qui** *who*
52. **réfléchir** *to think*
53. **regarder** *to watch*
54. **seul, seulement** *alone, only*
55. **si** *if, yes*
56. **son, sa, ses** *hers, his,*
57. **toilettes (les)** *bathroom*
58. **ton, ta, tes** *your*
59. **tout, tous** *all, everybody*
60. **travailler** *to work*
61. **très** *very*
62. **trouver** *to find*
63. **tu** *you*
65. **un, une, des** *a, an, some*
66. **vers** *towards*
67. **veut** *wants*
68. **voir** *to see*

TPRS Graded Readers

Jean-Paul et ses bonnes idées
Level 1

Jean-Paul lives in Paris. His imagination leads him to think of many fun and exciting things to do rather than going to school.

Jean-Paul et ses bons amis
Level 1

Having good friends is important to everyone. For Jean-Paul, having good friends is a recipe for disaster. What will Jean-Paul and his good friends do to become famous on YouTube?

Pauvre Anne
Level 1

Anne, a 16-year-old girl from New York, is annoyed. Her mother is always on her case. Her family doesn't have much money. See what happens when she gets an opportunity to go to Belgium.

Le Voyage de sa vie
Level 1

Sixteen-year-old Jean-Luc Bartolin of Denver, Colorado goes to Switzerland with his family. He is the only witness to the theft of an object of great monetary and personal value. The thief tries to kill him in this brief and captivating story.

Fama va en Californie
Level 1

Fama, a girl from Mauritania, goes to California as an exchange student. She lives with a caring American family but encounters prejudice at school.

Presque mort
Level 1

Kayla had no idea what she was getting herself into when she went to France to go to school in Brittany. Not only does she encounter potential for friendship and romance but she also finds herself saving a classmate's life.

Ma voiture, à moi
Level 2

Ben has high hopes for getting a car for his birthday. When the big day comes he does not get a car but his parents promise him one if he spends the summer in Haiti rebuilding houses for earthquake victims.

Le Voyage perdu
Level 2

Craig and Buzz travel to Martinique on a Caribbean Cruise. The fun quickly ends as they find themselves stranded without any money, resources, or contacts. What will happen when Craig and Buzz get caught in a lie during their trip?